BEI GRIN MACHT SICH IHR WISSEN BEZAHLT

- Wir veröffentlichen Ihre Hausarbeit,
  Bachelor- und Masterarbeit

- Ihr eigenes eBook und Buch -
  weltweit in allen wichtigen Shops

- Verdienen Sie an jedem Verkauf

Jetzt bei www.GRIN.com hochladen und kostenlos publizieren

GRIN ☺

Michael Russ

Requirements Engineering in der Softwareentwicklung

GRIN Verlag

Bibliografische Information der Deutschen Nationalbibliothek:

Die Deutsche Bibliothek verzeichnet diese Publikation in der Deutschen National-
bibliografie; detaillierte bibliografische Daten sind im Internet über http://dnb.d-
nb.de/ abrufbar.

Dieses Werk sowie alle darin enthaltenen einzelnen Beiträge und Abbildungen
sind urheberrechtlich geschützt. Jede Verwertung, die nicht ausdrücklich vom
Urheberrechtsschutz zugelassen ist, bedarf der vorherigen Zustimmung des Verla-
ges. Das gilt insbesondere für Vervielfältigungen, Bearbeitungen, Übersetzungen,
Mikroverfilmungen, Auswertungen durch Datenbanken und für die Einspeicherung
und Verarbeitung in elektronische Systeme. Alle Rechte, auch die des auszugsweisen
Nachdrucks, der fotomechanischen Wiedergabe (einschließlich Mikrokopie) sowie
der Auswertung durch Datenbanken oder ähnliche Einrichtungen, vorbehalten.

Impressum:

Copyright © 2007 GRIN Verlag GmbH
Druck und Bindung: Books on Demand GmbH, Norderstedt Germany
ISBN: 978-3-640-13847-0

Dieses Buch bei GRIN:

http://www.grin.com/de/e-book/113976/requirements-engineering-in-der-softwa-
reentwicklung

GRIN - Your knowledge has value

Der GRIN Verlag publiziert seit 1998 wissenschaftliche Arbeiten von Studenten, Hochschullehrern und anderen Akademikern als eBook und gedrucktes Buch. Die Verlagswebsite www.grin.com ist die ideale Plattform zur Veröffentlichung von Hausarbeiten, Abschlussarbeiten, wissenschaftlichen Aufsätzen, Dissertationen und Fachbüchern.

Besuchen Sie uns im Internet:

http://www.grin.com/

http://www.facebook.com/grincom

http://www.twitter.com/grin_com

Bachelor-Arbeit

Requirements Engineering in der Softwareentwicklung

ausgeführt am

Fachhochschul-Studiengang Innovationsmanagement

FACHHOCHSCHULE DER WIRTSCHAFT

im Rahmen der Lehrveranstaltung

Computer Aided Innovation - CAI

SS 07

4.Semester

durch

Michael Russ

Lieboch, 18.06.2007

Zusammenfassung

Die vorliegende Arbeit beschäftigt sich mit dem Thema Requirements Engineering in der Softwareentwicklung. Zuerst wird ein Überblick gegeben, welche Aufgaben das Requirements Engineering wahrnimmt, sowie welche Qualitätskriterien beim Erstellen von Anforderungen an diese gestellt werden sollten. Weiters wird erläutert, welche Gefahren und Risiken drohen, wenn sich dieser Thematik nicht näher angenommen wird. Ferner wird auf die verschiedensten Arten von Modelltechniken eingegangen. Aufgrund der Vielzahl von verschiedenster Modellierungstechniken wird auf ausgewählte Techniken eingegangen. Verstärkt wird jedoch der Punkt des Prüfens von Anforderungen behandelt und hierbei auch die Notwendigkeit der abteilungsübergreifenden Zusammenarbeit.

Abstract

This thesis will deal with the topic of requirements engineering in software development. First, an overview will be given of the purpose of requirements engineering, As well as the quality criteria which should be observed when requirements are prepared. Moreover, the risks and dangers which can occur when software producing companies do not pay adequate attention to this subject matter will be explained. Further there are a lot of different techniques how to describe requirements. Due to the fact that this topic is very large, this thesis will only give a short overview of some modelling techniques. The necessity of a good cooperation between departments and also a regular review of requirements will be the last and most important part of this paper.

Inhaltsverzeichnis

Abbildungsverzeichnis

Tabellenverzeichnis

Abkürzungsverzeichnis

UML = Unified Modeling Language

RE = Requirements Engineering

tbd = „to be determinded" oder „to be done"

1 Einleitung

In folgenden 3 Punkten wird die Ausgangssituation, Aufgabenstellung und das Ziel dieser Arbeit beschrieben.

1.1 Ausgangssituation

Unternehmen jeglicher Art, egal ob sie Produkte entwickeln oder Dienstleistungen anbieten, haben mit einem ständig wachsenden Berg von Anforderungen zur Produktentwicklung zu kämpfen. Im Sektor der Softwareentwicklung wird Requirements Engineering noch mangelhaft betrieben. Es ist daher für ein Unternehmen von Wichtigkeit, dass Anforderungen strukturiert behandelt und analysiert werden. Diese Aufgabe wird, wenn überhaupt, oft von einer einzelnen Abteilung wahrgenommen, welche recht autark von der restlichen Firmenstruktur agiert.

1.2 Aufgabenstellung

In dieser Arbeit soll die Wichtigkeit des Requirements Engineering in der Software produzierenden Industrie erläutert werden. Es soll auch dargestellt werden, mit welchen Mitteln agiert werden kann und wie diese eingesetzt werden sollten. Da die ganze Thematik des Requirements Engineerings jedoch umfangreich ist, wird sich diese Arbeit damit befassen, einen fokussierten Überblick über Teilgebiete der Qualität und des Prüfens von Anforderungen zu geben.

1.3 Ziel der Arbeit

Ziel dieser Arbeit ist eine Übersicht über die heutzutage gängigsten Modelltechniken zur Erstellung von Anforderungen in der Softwareentwicklung zu geben, sowie eine Darlegung in welcher Qualität diese geliefert werden müssen. Hierzu werden auch der Entstehungsprozess von Anforderungen und die dabei wichtige Rolle des Softwaretests beleuchtet.

2 Der Begriff des Requirements Engineering

Unter „Requirements Management/Engineering" (RE) wird allgemein die geordnete, methodische Behandlung von Anforderungen in einem Projekt verstanden.[1] Requirements Engineering ist innerhalb des Software Engineering bzw. des Systems Engineering[2] die Disziplin, die sich mit den gewünschten Eigenschaften bzw. Einschränkungen von Softwaresystemen befasst.[3] Wird Requirements Engineering als Querschnittsprozess betrachtet, so erstreckt sich RE über die Fragestellung der Ziele und Zielerrechnung eines Softwaresystems von Beginn des Marketing und Produktmanagements, über die Projektplanung bis hin zur Ausführung, Implementierung, Test und Wartung.[4]

2.1 Aufgaben des Requirements Engineering

Die vier Haupttätigkeiten des RE (Abbildung 1) sind das Erheben, Dokumentieren, Prüfen und Verwalten.[5] Der Part des Prüfens bezieht sich jedoch hierbei nur auf den Teil der inhaltlichen Überprüfung. Dies kann zum Beispiel über Reviews wie in Kapitel 4 beschrieben geschehen. Der Abnahmetest bzw. Systemtest (gezieltes abtesten des Gesamtsystems) wird hierbei meist von den eigenen Testabteilungen übernommen.

---

[1] vgl. o.V. Siemens AG, Stand 2007-04-21
[2] Systems Engineering ist ein Ansatz in der Systementwicklung. Hierbei stehen die Kundenwünsche, bzw. die gewünschten Funktionalitäten, sowie Design und Systemüberprüfung im Mittelpunkt
[3] vgl. Ebert 2005, S. 14
[4] vgl. Ebert 2005, S.16
[5] vgl. Rupp 2007a, S.14f

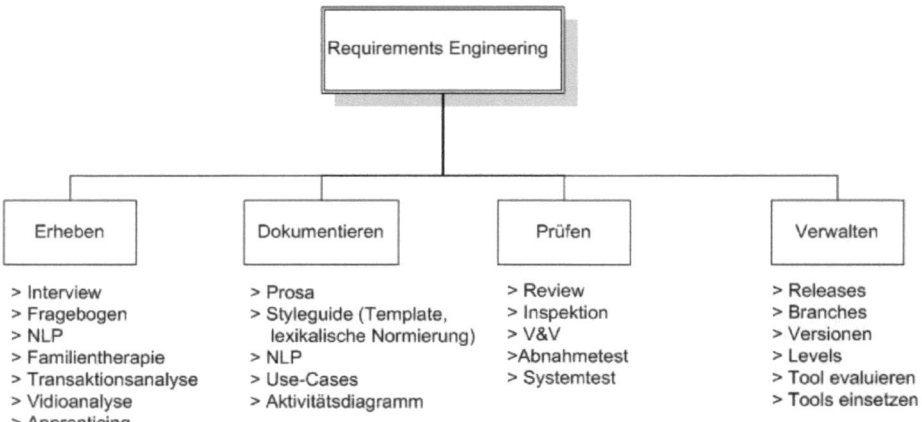

Abbildung 1: Tätigkeiten und Methoden im Rahmen des RE
Quelle: Rupp 2007a, S. 14

2.2 Qualitätskriterien für jede einzelne Anforderung

„Woran kann erkannt werden, dass die Anforderungen, die beschrieben werden, wirklich gut sind?"[6] Alles in allem gibt es elf markante Qualitätskriterien die möglichst alle von jeder einzelnen Anforderung erfüllt werden sollten. Für einen Requirements Engineer ist es besonders schwer, den Spagat zwischen den unterschiedlichsten Stakeholdern (projektbeteiligte Personen) zu schaffen. Entwickler zum Beispiel können in einem Review kaum bis gar nicht die Richtigkeit gesetzlicher Vorgaben kontrollieren. Genauso wenig haben wie Produktmanager die Möglichkeit den Inhalt auf technischer Eben zu beurteilen. Der Requirements Engineer sollte die Fähigkeit besitzen, alle Vorgaben in möglichst einfacher aber dennoch in deutlicher Sprache zu formulieren. Im Folgenden werden die elf Qualitätskriterien kurz erläutert.

- Vollständigkeit:
Jede Anforderung muss die zu liefernde und geforderte Funktionalität vollkommen beschreiben. Anforderungen, die dies nicht tun, sollten unbedingt als solche gekennzeichnet werden. Dies kann beispielsweise durch die Verwendungen des Ausdruckes tbd („to be determinded" oder „to be done") erfolgen.

---

[6] vgl. Rupp 2007a, S. 27ff

3

Es sollten dann auch möglich sein, die Anforderungen entsprechend nach diesen verwendeten Markern zu suchen.[7]

- Korrektheit:

Jede Anforderung ist nur dann korrekt, wenn es zu 100% die Vorstellungen des Stakeholders wiedergibt. Um dies zu gewährleisten, muss der Stakeholder das Requirement lesen und verstehen können. [8]

- Klassifizierbarkeit bezüglich juristischen Verbindlichkeiten:

Es sollte für jedes Requirement festgelegt sein, welche rechtliche Relevanz es hat. Es wird dem Vertragspartner klar gemacht, welche Bedeutung dieses Requirement für sie hat.[9] Dieser Punkt entfällt jedoch, wenn es sich um ein firmeninternes Softwareprojekt handelt.

- Konsistenz der Anforderung:

Requirements müssen gegenüber allen anderen Requirements widerspruchsfrei sein, egal auf welchen Abstraktionslevel gearbeitet wird. Weiters ist es nötig, dass jedes Requirement so formuliert wird, dass es in sich schon widerspruchsfrei ist.[10]

- Prüfbarkeit:

Requirements müssen nach ihrer Umsetzung unabhängig von jeder Methode nachweisbar/testbar sein. [11]

- Eindeutigkeit:

Jeder Leser eines Requirements sollte nur zu einer einzigen Interpretation des geschriebenen/dargestellten Sachverhalts kommen. Es ist daher nötig Requirements einfach, kurz und präzise zu beschreiben. Sollten unbekannte Ausdrücke oder Spezialwörter verwendet werden müssen, so sollten diese explizit erläutert werden.[12]

---

[7] vgl. Wiegers 2003, S. 22
[8] vgl. Wiegers 2003, S. 22
[9] vgl. Rupp 2007a, S.28
[10] AAO, S.28
[11] AAO, S.28
[12] vgl. Wiegers 2003, S. 23

* Gültigkeit – Aktualität:

Es muss mit den Requirements die Realität des Systems beschrieben werden. Ändert sich auch nur eine Variable im System, ist dies entsprechend zu dokumentieren und die Requirements müssen dementsprechend angepasst werden.[13]

* Umsetzbarkeit:

Jedes Requirement muss innerhalb der Grenzen des Systems liegen. Dies setzt voraus, dass der Verfasser der Requirements das System an dem er arbeitet sehr gut kennt bzw. ein Mitarbeiter aus der Entwicklung an der Bewertung oder schon vorab an der Erstellung des Requirements beteiligt ist. Weiters sollten die Kosten für die Umsetzung mit einbezogen werden. Stakeholder können von einzelnen Requirements absehen, wenn sich durch diese Anforderungen zu hohe Projektosten ergeben würden.[14]

* Notwendigkeit:

Es muss die Leistung bzw. die Eigenschaft beschrieben werden, die der Kunde tatsächlich benötigt oder fordert. Zudem muss darauf geachtet werden, das die Anforderungen erfüllt sind, die ein externes System oder einen speziellen Standard vorschreibt. Jedes Requirement sollte bis an die Anfänge des Projekts zurückverfolgbar sein, um kontrollieren zu können, ob dieses Requirement wirklich nötig ist, um das Systemziel zu erreichen.[15]

* Verfolgbarkeit:

Bei einem verfolgbaren Requirement ist es möglich dieses rückwärts bis zu seinem „Original" und vorwärts bis zu den Designelementen und Source Code zu verfolgen, sowie bis hin in die Testfälle mit denen es verifiziert wurde. Sichergestellt wird ein solches Verhalten mit einer eindeutigen Requirementnummer, die sich für das eine spezielle Requirement nie ändert. Über diesen Identifikator kann man alle Ebenen des Requirements verfolgen.[16]

---

[13] vgl. Rupp 2007a, S. 29
[14] vgl. Rupp 2007a, S. 29
[15] vgl. Wiegers 2003, S. 23
[16] vgl. Wiegers 2003, S. 24f

- Bewertbarkeit:

Wenn das zu entwickelnde System eine gewisse Größe übersteigt wird es nötig die Requirements nach ihrer Wichtigkeit zu bewerten. Es können oft nicht alle Spezifikationen in einer Softwarevariante erfüllt werden. Diese Gewichtung der Requirements ist von den Stakeholdern durchzuführen.[17]

2.3 Folge von unzureichendem Requirements Engineering

Was passiert mit Projekten, bei denen RE vernachlässigt wird? Wie in Abbildung 2 zu sehen reduziert es den Projekterfolg. Unzureichendes Requirements Engineering führt dazu dass 15% aller Softwareprojekte abgebrochen werden bzw. 51% zu spät oder über Budget fertiggestellt werden. In folgendem Diagramm wird nochmals grafisch dargestellt, wie wichtig es ist gutes RE zu betreiben, da sonst ein wenig mehr als ein Drittel aller Projekte wirklich erfolgreich ist.[18]

Abbildung 2: Unzureichendes RE
Quelle: in Anlehnung an; Ebert 2005, S.24

Folgende Liste veranschaulicht am deutlichsten die Wichtigkeit von konsequent betriebenem Requirements Engineering, wobei die anforderungsbezogenen Gründe hervorgehen sind.

---

[17] vgl. Rupp 2007a, S.30
[18] vgl. Ebert 2005, S.23ff

Gründe für abgebrochene Projekte: [19]

- **Unvollständige Anforderungen**   **13%**
- **Keine Kundenanforderungen**   **12%**
- Unzureichende Ressourcen   11%
- Unrealistische Annahmen   10%
- **Unkontrollierte Änderungen von Anforderungen** **9%**

2.4 Risiken

Die fünf im Folgenden beschriebenen Risiken bilden nur einen groben Querschnitt der Gefahren und Folgen, wenn RE falsch oder nicht angewandt wird.

Risiko 1: Kritische Anforderungen werden übersehen. Eine ungeschriebene Regel besagt, dass man dem Kunden das liefern muss was er will und nicht was er braucht. Letztendlich zählt nur das, was vertraglich gefordert wurde und nicht was der Kunde vielleicht gerne hätte. Es ist daher unerlässlich schon im Vorfeld des Projektes sich mit dem Kunden abzustimmen, welchen Funktionsumfang die Software beinhalten muss.[20]

Risiko 2: Nur funktionale Anforderungen werden berücksichtigt. Neben diesen gibt es auch nicht-funktionale (siehe 4.3) Produkt- und Prozessanforderungen. Nur wenn alle diese Typen hinterfragt werden, bekommt man eine vollständige Requirementsspezifikation des zu liefernden Produktes. Besonders wichtig ist dieser Aspekt zu einem späteren Zeitpunkt (Testspezifikation), da die Testfälle all diese Kategorien abdecken müssen.[21]

Risiko 3: Kunden sind unzureichend präsent. Nur der Kunde kann wirklich sagen was er benötigt, daher ist es von Nöten, dass er von Anfang an in dem Entwicklungsprozess eingebunden ist. Vorabtestversionen ermöglichen noch eine schnellere Nachkorrektur der Endversion. [22] Dieses Risiko kann dazu führen, dass das gesamte Projekt zum Erliegen kommt.[23]

---

[19] vgl. Ebert 2005, S.24f
[20] vgl. Ebert 2005, S.27
[21] vgl. Ebert 2005, S.27
[22] vgl. Ebert 2005, S.27f
[23] vgl. DeMarco, Lister 2003, S. 116ff

Risiko 4: Anforderungen werden nicht geprüft. Aufgrund von Zeit und Ressourcenmangel wird oft auf das Prüfen von Requirements verzichtet. Dies führt dazu, dass oft der Erstentwurf in die Entwicklung geht. Es ist beinahe ein Muss Inspektionen der Requirements durchzuführen, da wie bereits unter 2.3 gezeigt viele Projekte durch mangelhaftes RE nicht korrekt beendet werden. Gerade Tester finden sehr viele Diskrepanzen, die sonst erst sehr viel später entdeckt werden würden.[24]

Risiko 5: Inflation der Anforderungen. Bereits durch das spätere Entfernen einer zum Teil bereits implementierten Anforderung bzw. dem nachträglichen hinzufügen eines Elementes erhöht sich die Zusatzarbeit für das Projekt. Für Projektmanager ist es daher oft problematisch einen geeigneten Puffer zu schaffen, um solche Eventualitäten abzufangen. Dies erhöht das Risiko der Projekteinstellung.[25]

3 Modelltechniken

Modelltechniken können am besten als spezielle Sprache charakterisiert werden. Mit ihr ist es möglich, einen genaueren Blick auf ein System zu werfen, welches softwaretechnisch entwickelt werden soll. Es gibt verschiedenste Techniken ein System zu beschreiben. Von einfacher formalen Sprache bis hin zu recht komplexen grafischen Darstellungen. [26] In diesem Kapitel werden einige der häufigsten Modelltechniken kurz erklärt.

3.1 Datenflussmodelle – Use-Case-Diagramme

Aufgabe des Use-Case-Diagrammes ist es, eine grobe Ordnung in die zum Teil sehr detaillierten textlichen bzw. grafischen Anforderungen zu bringen. Das Use-Case-Diagramm soll uns einen Überblick verschaffen, was die zu entwickelnde Software eigentlich im Wesentlichen können muss. Es werden wichtige Funktionen der Software zueinander in Beziehung gesetzt. Die technische Implementierung spielt bei dieser Darstellungsform keine Rolle. Es geht um das „Was", nicht

---

[24] vgl. Ebert 2005, S.27f
[25] vgl. DeMarco, Lister 2003, S. 112ff
[26] vgl. Broy, Rumpe 1998, S. 51

um das „Wie".[27] Das Use-Case-Diagramm ist ein recht einfacher Diagrammtyp, der sehr anschaulich ist. Er kann auch zu Verwirrungen führen, wenn zu viele Funktionen, die in Beziehung stehen, grafisch dargestellt werden.

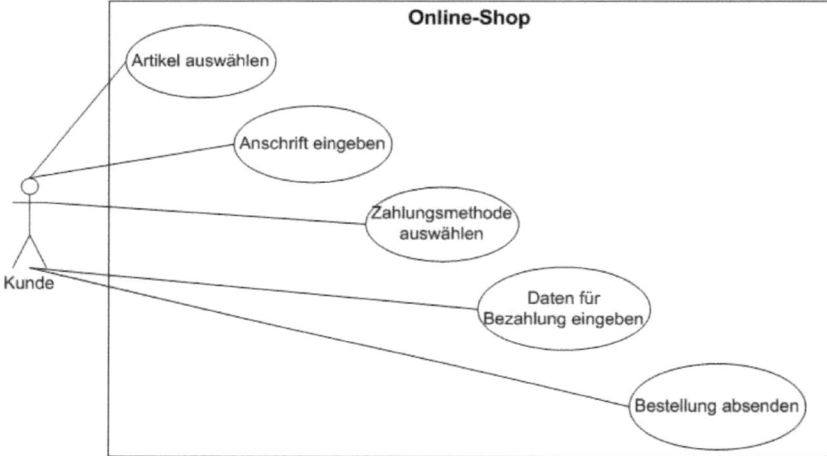

Abbildung 3: Use-Case-Diagramm
Quelle: o.V. http://www.highscore.de/uml/usecasediagramm.html [Stand 2007-05-17]

Wie in Abbildung 3 zu sehen ist, besteht ein solches Diagramm aus zwei Ebenen: dem Akteur – hier z.B.: der Kunde und dem System mit seinen Funktionen die in Ellipsen dargestellt werden. Die Funktionen befinden sich im System, hier der Online-Shop, während der Akteur außerhalb davon dargestellt wird.[28]

Eine Abwandlung vom Use-Case-Diagramm ist die textuelle Beschreibung eines Use-Cases. Hier wird einfach ein Standardszenario textuell beschrieben und bei Abweichungen so genannte Alternativszenarien darstellten, die dann zum Standardszenario verlinkt werden. Tabelle 1 stellt hierbei ein einfaches Beispiel dar.

---

[27] vgl. Buhr, Casselman1996, S.34
[28] vgl. Buhr, Casselman1996, S.35ff

Tabelle 1: Textuelle Use-Case Beschreibung

ID	Textbeschreibung
T.01	**1 Game flow eines Casino Spielautomaten**
T.02	1.1 Standard Fall
T.03	1. Spieler drückt Bet/Line Button
T.04	2. Walzen drehen sich
T.05	3. Walzen stoppen
T.06	4. Kein Gewinn
T.07	5. Spiel beendet
T.08	1.2 Gewinn Fall
T.09	Startpunkt Step 3
T.10	1. Gewinn unter einem Limit
T.11	2. Gewinnmusik wir gespielt
T.12	Wiedereintrittspunkt Step 5

3.2 Zustandübergangsmodell

Zustandsübergangsmodelle sind ereignisorientiert. Sie beschreiben ein System als eine Menge von Zuständen und deren dazugehörigen Übergänge. Diese Modellierungstechnik wird primär verwendet um Systeme zu beschreiben, die viele externe oder nicht planbare Ereignisse besitzen. Bestes Beispiel für ein solches System sind die Echtzeit- oder Embedded Systeme.[29] Beide werden durch externe Signale oder durch interne Ereignisse gesteuert. Wenn ein solches System den Zustand wechselt geht es meist von dem einen in den anderen Zustand über. Abbildung 4 zeigt hierzu ein einfaches Beispiel.[30]

---

[29] Embedded Systeme bezeichnet ein elektronisches Rechnersystem, das den Dienst unsichtbar in vielen Anwendungsbereichen und Geräten versieht z.b.: Mobiltelefon.
[30] vgl. Timm 1991, S.95ff

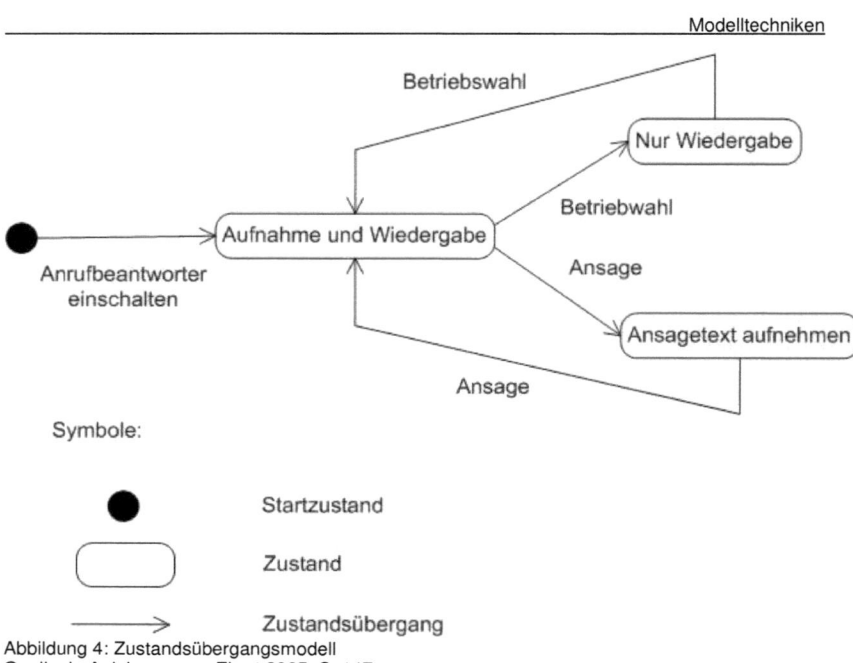

Symbole:

●   Startzustand

▭   Zustand

→   Zustandsübergang

Abbildung 4: Zustandsübergangsmodell
Quelle: in Anlehnung an; Ebert 2005, S. 147

Es ist möglich, Zustandsübergangsmodelle so formal darzustellen, dass Berechnungen erlaubt werden, ob bestimmte Zustände überhaupt erreicht werden könne oder ob sie zu blockierenden Situationen führen können. Die Ermittlung von nicht erreichbaren Zuständen hat zwei wichtige Funktionen:

1. Es können Zustände identifiziert werden, die zwar erreicht werden sollten, jedoch durch Entwurfsfehler noch nicht erreichbar sind.
2. Es können sicherheitskritische Situationen beschrieben werden, die unter keinen Umständen erreicht werden sollten.[31]

3.3 Entscheidungstabellen

Entscheidungstabellen bilden eine gute Alternative zu Zustandsübergangsmodellen. Sie bieten den Vorteil komplexe Bedingungen leichter zu beschreiben und sind zudem leichter zu prüfen. Durch Entscheidungstabellen ist es sehr leicht, Widersprüche, Überlappungen und Fehlangaben zu erkennen.

---

[31] vgl. Ebert 2005, S. 147f

In einer solchen Tabelle werden im oberen Teil die verwandten Regeln und Bedingungen beschrieben, während die dazugehörigen Aktionen im unteren Teil dargestellt werden.[32]

Hierzu ein kleines Bespiel anhand der Entscheidung, ob auf Flügen gratis Cocktails verteilt werden oder diese verrechnet werden:

Wenn ein Flug zu mehr als 50% belegt ist und jeder Sitzplatz über $350 kostete, werden Gratiscocktails serviert, ausgenommen es handelt sich um einen Inlandsflug. Cocktails werden auf allen Innlandsflügen extra verrechnet.

Tabelle 2: Beispiel Entscheidungstabelle
Quelle: DeMarco 1979 S. 216

Bedingungen	Regeln							
	1	2	3	4	5	6	7	8
1. Inlandsflug	Y	N	Y	N	Y	N	Y	N
2. Über halber Belegung	Y	Y	N	N	Y	Y	N	N
3. Über $350	Y	Y	Y	Y	N	N	N	N
Aktionen								
1. Cocktails servieren	Y	Y	N	?	Y	?	N	?
2. Gratis	N	Y			N			

Entscheidungstabellen bieten jedoch nicht nur Vorteile, es gibt diverse Nachteile:

1. Es ist schwer zu wissen, wann man mit einer Entscheidungstabelle anfängt.
2. Jeder weiß wie man diese Matrix erstellt, jedoch kann sich kaum jemand exakt erinnern warum welche Entscheidungen über Regeln, Bedingungen oder Aktionen erstellt wurden.
3. Benutzer mögen Entscheidungstabellen nicht, da sie bei deren Handhabung Angst und Unsicherheit verspüren.[33]

---

[32] vgl. DeMarco 1979, S. 215f
[33] vgl. DeMarco 1979, S. 216ff

3.4 Entity Relationship Attribute Modell

Dieses Model hat sich schon frühzeitig durchgesetzt um Daten und deren Zusammenhänge zu modellieren. Obwohl es durch Klassendiagramme ersetzbar ist, wird es heutzutage noch oft bei Datenbankdatenmodellierungen verwendet. Wie der Name schon sagt besteht dieses Model aus zwei wesentlichen Strukturelementen. Entities sind die Datenelemente und Relationships beschreiben den Zusammenhang der Datenelemente. Dieses Modell wird manchmal auch als ERA- bzw. ERM Modell in der Literatur geführt wobei das „A" für Attribute steht. Diese dienen zur besseren Lesbarkeit des Modells, sind aber nicht zwingend vorgeschrieben. Wenn sie verwendet werden sind sie auch nur im Datenkatalog zu finden, wo sie problemlos aufgefunden werden können. [34] Abbildung 5 stellt hierzu ein Beispiel dar.

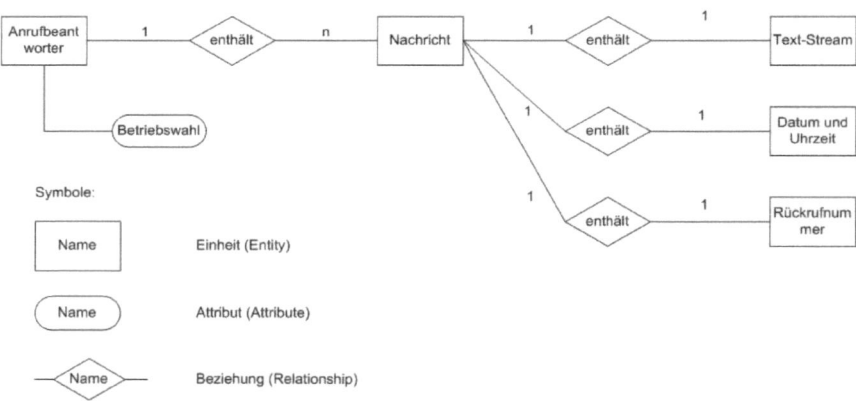

Abbildung 5: ERA-Modell
Quelle: Ebert 2005, S. 150

3.5 Strukturierte Sprache

Da es nicht möglich ist, alle Eigenschaften eines Systemes grafisch darzustellen beschreibt man das System oder Teile des Systems oft mit kurzen Sätzen.[35] Diese Variante ist besonders beliebt, wenn diverse Stufen des Requirements Engineerings betrieben werden. Das bedeutet, dass eine Erstversion eines Requirements wie folgt aussehen kann:

---

[34] vgl. Ebert 2005, S. 149f
[35] vgl. Broy, Rumpe 1998, S. 54

Tabelle 3: Beispiel Strukturierte Sprache

Requ. 12	Sektion 5.3 des BOB Protokolls muss vollständig unterstützt werden
Requ. 13	Sektion 5.4 des BOB Protokolls muss vollständig unterstützt werden
Requ. 14	Sektion 6 des BOB Protokolls muss nicht unterstützt werden

Solche Requirements entsprechen nicht gerade den Erwartungen aus Punkt 2 dieses Dokumentes, jedoch werden sie als Erstdokumentationsmaßnahme gerne verwendet.

Weiters sollte diese Variante als Unterstützung von Diagrammen verwendet werden. Es macht durchaus Sinn eine Funktion mittels Aktivitätsdiagramm darzustellen. Die grafische Oberfläche des Systems ist jedoch mittels strukturierter Sprache zu beschreiben.[36]

3.6 Aktivitätsdiagramme

Das Aktivitätsdiagramm ist wie das Klassen- und das Sequenzdiagramm ein weiterer Vertreter des UML (Unified Modeling Language) Notationsverfahrens. Mittels eines Aktivitätsdiagrammes werden ganz allgemein Abläufe dargestellt, welche in einer ganz bestimmten Reihenfolge ausgeführt werden sollen. Alle Aktionen in einem Aktivitätsdiagramm beschreiben gemeinsam eine Aktivität. Das kann ein Use-Case, aber auch eine in einer Programmiersprache entwickelte Funktion sein.

Der Einsatz von Aktivitätsdiagrammen muss nicht auf die grafische Darstellung von Zusammenhängen von Anforderungen beschränkt sein, sondern kann während des gesamten Softwareentwicklungsprozesses hilfreich sein. Akvitätsdiagramme sind die Allround-Diagramme der UML. Sie werden immer dann eingesetzt, wenn Abläufe übersichtlich dargestellt werden müssen.[37]

Da die Thematik der UML Notationen sehr umfangreich ist, wird hier der prinzipielle Aufbau eines solchen Diagramms nur mittels eines kurzen Beispieles dargestellt. Abbildung 6 zeigt eine einfache Erläuterung, wie man mittels Aktivitätsdiagramm die Beschreibung eines Kochrezepts darstellen könnte.

---

[36] vgl. Broy, Rumpe 1998, S. 54
[37] vgl. Oestereich 2002, S. 90ff

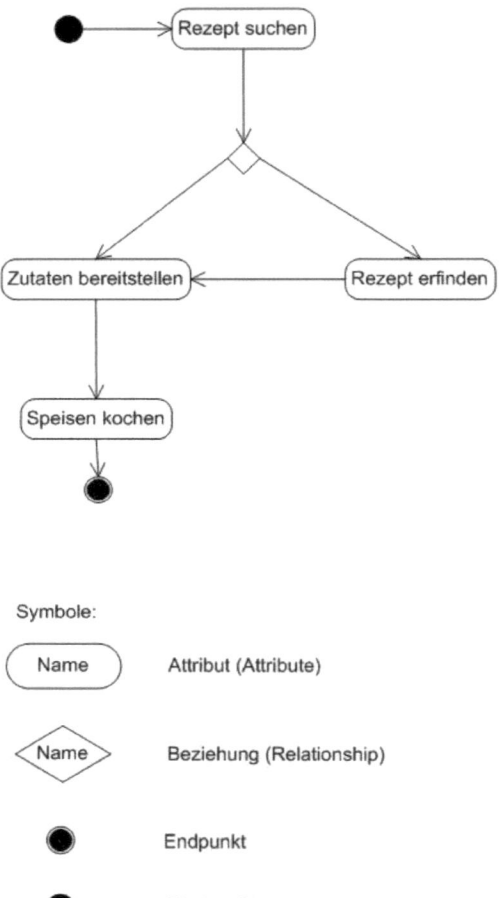

Symbole:

Name — Attribut (Attribute)

Name — Beziehung (Relationship)

⬤ — Endpunkt

● — Startpunkt

Abbildung 6: Aktivitätsdiagramm
Quelle: In Anlehnung an; Rupp 2007a, S. 209

3.7 Klassendiagramme

Das Klassendiagramm ist in der Softwareentwicklung das mit Abstand wichtigste Strukturdiagramm von UML. Es stellt den Aufbau einer Klasse als auch den Zusammenhang unter den Klassen dar. Der große Vorteil einer solchen Darstellung ist, dass sich Programmierer, die bisher wenig mit Softwaremodellierung zu tun hatten, sehr schnell mit diesem Diagrammtyp anfreunden. Das, was man vom Quellcode her kennt, kommt dem, was das Klassendiagramm zeigt, am nähesten. Klassendiagramme werden oft von Softwarearchitekten verwendet.

Der Nachteil dieser Darstellungsform ist, dass die Nachvollziehbarkeit für die meisten Stakeholder, sofern sie nicht entwicklungsinternes Wissen besitzen, kaum gegeben ist und sie anhand der so dargestellten Requirements nicht kontrollieren können, ob ihre Wünsche richtig verstanden wurden.[38] Weiters ist diese Darstellungsform als alleiniges visuelles Mittel zur Requirementsbeschreibung nicht geeignet, wenn die Testabteilung reine Blackbox Tests[39] durchführt.

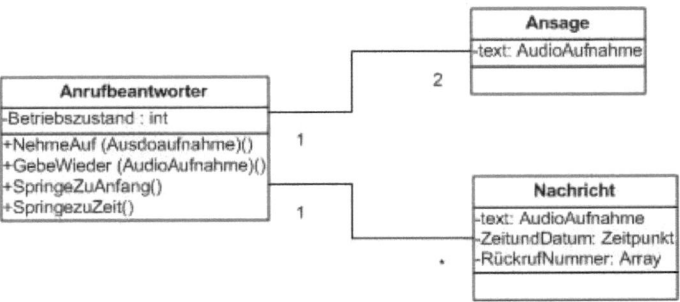

Abbildung 7: Klassendiagramm
Quelle: in Anlehnung and; Ebert 2005, S. 152

Abbildung 7 zeigt ein Beispiel, wie die Darstellung mittels Klassendiagramm aussehen könnte. Klassendiagramme beinhalten immer eine oder mehrere Klassen, die die Beschreibung der Struktur und des Verhaltens der Objekte beschreibt. Da sich diese Arbeit nur ansatzweise mit den Darstellungsarten beschäftigt, wird auf eine nähere Beschreibung von Abbildung 7 verzichtet.

4 Prüfen von Anforderungen

Das Ziel beim Prüfen von Anforderungen ist es, einerseits Verstöße gegen die Qualitätskriterien, wie unter 2.2 beschrieben, zu finden und andererseits einen Nachweis der Korrektheit der Anforderung zu erbringen. Die Fehler, die gefunden werden können generell Mängel oder Fehler in den Requirements sein. Mängel stellen hierbei fehlende Information dar, so genannte Anforderungslücken. Fehler sind dagegen Falschinterpretationen oder gar Inkonsistenzen zwischen zweier oder mehreren Anforderungen. Einige dieser Fehler bzw. Mängel werden durch

---

[38] vgl. Rupp 2005b, S. 95ff
[39] Bei Blackbox Tests wird nicht der Sourcecode kontrolliert sondern lediglich das Programm bzw. das Gerät inkl. Software auf seine Funktion getestet.

Reviews schon vorab gefunden. Andere wiederum treten erst bei der Implementierung bzw. beim Test zu Tage. Um dies zu verhindern ist es von Nöten, sich vorab mit den Requirements konsequent zu befassen und sie systematisch zu kontrollieren. Hierzu werden die kommenden Punkte genaueren Einblick geben.[40]

4.1 Prüftechniken – das Review

Das wohl am häufigsten eingesetzte Mittel zur manuellen Prüfung von Requirements ist das Review. Hierbei unterscheidet man noch aufgrund des Grades der Formalität der Vorbereitung und der Durchführung zwischen Walkthrough, Stellungnahme und Abnahmekriterien. In der Literatur sind noch weitere Methoden beschrieben, auf die hier jedoch nicht näher eingegangen wird.[41]

Walkthrough:

Das Ziel dieser Technik ist es, ein gemeinsames Verständnis für die Requirements aufzubauen. Der Verfasser der Anforderungen leitet hierbei die Besprechung und geht schrittweise die erstellten Requirements durch. Es wird der Entstehungsprozess erläutert sowie die Gedankengänge, die zu den Anforderungen führten erklärt. Durch diese Art des Vorgehens werden eventuelle Unklarheiten sofort diskutiert und dadurch mögliche Probleme identifiziert. [42]

Stellungnahme:

Dies ist wohl die am weitest verbreitete Variante des Reviews, da sie sehr einfach und auch kosteneffizient ist. Hierbei wird nichts anderes gemacht, als die erstellten Requirements gesammelt als Dokument, z.B.: in Form eines PDFs an die Reviewer gesandt. Diese lesen das Dokument und markieren ihre Änderungsvorschläge bzw. Fragen, welche nach der Übergabe des Dokumentes an den Verfasser von diesem in einer neuen Version der Requirements eingepflegt bzw. beantwortet werden.[43]

---

[40] vgl. Rupp 2007a, S. 311
[41] vgl. Wiegers 2003, S. 262ff
[42] vgl. Rupp 2007a, S. 312
[43] vgl. Rupp 2007a, S. 311

Abnahmekriterien:

Hierbei werden Kriterien von einer Person oder einer Personengruppe erstellt, anhand welcher die „fertigen" Requirements bewertet werden. Die Vorteile dieser Technik sind eine hohe Fehleridentifikationsrate und Weiterverwendbarkeit für eine spätere Testfallerstellung.[44]

4.2 Die Reviewbeteiligten

Genauso wie es wichtig ist, die richtige Technik zu wählen um Abläufe darzustellen, ist es die richtigen Prüfer zur richtigen Zeit zu Rate zu ziehen. Generell werden 7 Prüfpersonen vorgeschlagen[45]:

1. Anwender
2. Fachlich Verantwortlicher
3. Analytiker
4. Projektleiter
5. Entwickler
6. Tester
7. Projektexterner Auditor

Wie in Tabelle 4 zu sehen hat jeder dieser Personen bestimmte Qualitäten[46].

Tabelle 4: Prüfende Personen
Quelle: Ebert 2005, S. 152

	Fachliche Richtlinie	Notwendigkeit	Vollständigkeit	Verständlichkeit	Eindeutigkeit	Verfolgbarkeit	Realisierbarkeit	Testbarkeit	Kritikalität
Anwender	+	+	++	++	0	0	0	0	0
Fachlich Verantwortlicher	++	+	0	0	0	0	0	0	++
Analytiker	0	0	++	+	++	++	+	+	+
Projektleiter	+	++	0	+	0	0	0	0	+
Entwickler	0	0	0	0	0	0	++	0	0
Tester	0	0	0	+	+	0	0	++	0
Projektexterne Auditoren	0	0	++	+	+	+	0	+	0

---

[44] vgl. Rupp 2007a, S. 316
[45] vgl. IEEE Std 1028-1997 (R2002), S. 9ff
[46] vgl. Rupp 2007a, S. 307ff

Es macht hierbei keinen Sinn bei ersten konzeptionellen Erstellung der Requirements für ein Softwaremodul einen projektexternen Auditor hinzu zu ziehen, sondern eher die in diesem Fall fachlich Verantwortlichen. Generell kann man sagen, dass in der ersten Phase der Erstellung die Fachpersonen und der mögliche Anwender die Prüfung der Anforderungen vornehmen sollen. Wenn dies nicht möglich sein sollte, dann sollte zumindest ein stellvertretender Stakeholder und in späterer Folge Test, Entwicklung und wenn vorhanden projektexterne Auditoren hinzugezogen werden. Die Zahl der Reviewbeteiligten muss, wenn nötig, auch mit der Projektleitung abgesprochen werden, da ein solches Prüfen von Requirements sich durchaus aufs Budget eines Projektes auswirken kann.[47] Ohne weiteres können innerhalb von kurzer Zeit Unmengen von Stunden verbucht werden. Dies geschieht dadurch, dass nicht nur die reine Besprechungszeit zu kalkulieren ist, sondern auch die Vorbereitungszeit. Wenn die erstellten Erstentwürfe der Requirements fehler- bzw. mangelhaft sind und dadurch weitere Reviews angesetzt werden müssen können sich die Kosten rasch exponentiell entwickeln.

4.3 Nicht-Funktionale Anforderungen

Dieser spezielle Typ von Anforderung wird hier in kurzen Worten extra vorgestellt, da er für moderne Softwareprojekte durchaus eine Gefahr darstellt. Nichts ist wohl schwerer zu beschreiben als eine Anforderung des Kunden, in der dieser sein Produkt mit Worten wie „Verständlichkeit" oder „Benutzbarkeit" beschreibt. Da sie nicht präzise beschrieben sind, werden sie auch im Design kaum berücksichtigt. Wenn es dann zum Integrations- oder Systemtest kommt, lassen sich solche Vorgaben nicht klar testen.[48] Sollte das Produkt dennoch freigeben werden, könnte sie Grundlage für lange Diskussionen sein. Im schlimmsten Falle kommt es zu massiven Verzögerungen des Endproduktes, wenn nicht gar zur Ablehnung dieses durch den Auftraggeber. Wenn möglich sollte man den Auftraggeber immer dazu nötigen, genauere Informationen über seine Wünsche zu äußern bzw. die Reviews zu diesen Thematiken zu intensivieren, um so viele unterschiedliche Meinungen zu gewinnen.

---

[47] vgl. Rupp 2007a, S. 308f
[48] vgl. Wiegers 2003, S. 231f

4.4 Testorientiertes Requirements Management – das V-Modell

In vielen Betrieben wird RE als beendet angesehen, wenn die Anforderungen bekannt und dokumentiert wurden. Darauffolgend wird lediglich Änderungsmanagement betrieben, um die Spezifikationen aktuell zu halten. Dieses Verhalten ist jedoch mangelhaft. RE hängt sehr stark mit den einzelnen Testphasen zusammen. In Abbildung 8 wird gezeigt, wie eng Test und RE wirklich zusammenhängen.[49]

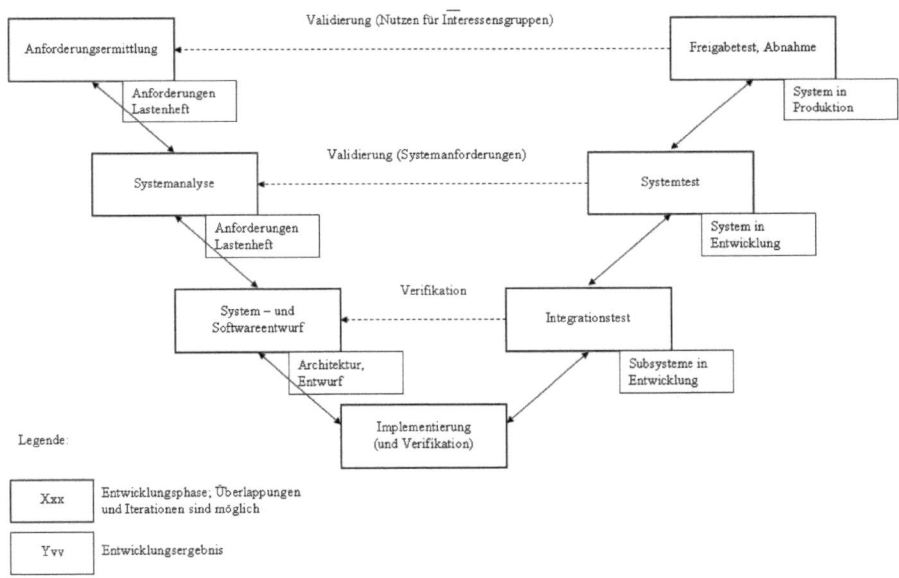

Abbildung 8: V-Modell
Quelle: Ebert 2005, S. 202

Das V-Modell ist heutzutage eines der weitest verbreiteten Modelle zur Darstellung des Entwicklungsprozesses von Requirements. Wie zu sehen ist, beeinflusst bereits die Anforderungsermittlung den Test, da sich hier die Frage nach dem Nutzen für den Anwender/Kunden stellt. Nach diesem Wissensstand entwickelt sich parallel die Entwicklungs- und Testplanung. Wenn man das Modell betrachtet, erkennt man, dass jede darunter liegende Schicht immer mehr ins Detail geht, sowohl test- als auch anforderungsseitig. In der Systemanalyse werden das Pflichtenheft oder auch die Produkt Requirements generiert. Im Systementwurf werden die Softwarepakete genauer in ihrem Umfang spezifiziert, sowie deren Zusam-

---

[49] vgl. Ebert 2005, S. 202ff

menhänge, wenn es sich um mehrere Funktionen handelt. Testorientiertes RE stellt sicher, dass für jede Phase sowohl die Requirements, als auch die dazugehörigen Testfälle spezifiziert werden.

Um ein gutes RE zu besitzen, braucht man gute qualifizierte Tester, die im Spezifikationsprozess eingebunden sind. Der Umkehrschluss ist, dass brauchbare Tests nur mit guten Requirements möglich sind.[50] Bei der Spezifikation von Blackbox-Tests fallen dem Tester spätestens dann sehr offensichtliche Mängel von Requirements auf:

- Die Genauigkeit der Anforderung wird oft in den ersten Phasen des Erstellens vernachlässigt. Oft bleiben Anforderungen nur oberflächlich beschrieben. Basierend auf solchen Anforderungen ist es schwer, ein System zu entwickeln. Tester fallen solche Mängel sehr schnell auf und fordern dann genauere Spezifikationen.

- Nach der Genauigkeit fällt oftmals die Vollständigkeit der Anforderung einem Tester ins Auge. Undefinierte Bereiche sind oftmals Quellen schwerwiegender Fehler. Der Tester stellt sich oft die Frage, was passiert, wenn etwa der User des Systems einen falschen Wert in eine Eingabemaske eintippt. Solche oftmals banalen Informationen werden vergessen, wenn Requirements erstmalig definiert werden.

- Die Testbarkeit: Anforderungen können die zwei oben genannten Punkte erfüllen. Das bedeutet aber nicht, dass man sie auch testen kann. Tester bevorzugen Anforderungen, aus denen sie Abnahmekriterien ermitteln können.

- Einschränkungen sind der vierte große Punkt, die einem Tester ins Auge springen. Starke Einschränkungen des zu entwickelnden Systemes führen oftmals zu einer Menge von Testfällen. Es ist aus Testsicht daher von Nöten, Einschränkungen so allgemein wie möglich zu gestalten.[51]

Testern wird oft vorgeworfen immer schlecht und negativ zu denken. Dem ist aber nicht so. Vielmehr ist es das konstruktive Hinterfragen von Spezifikationen das einen guten Tester ausmacht. [52] Die Großzahl der Projektmitglieder will in einem Projekt die erste Phase der RE so schnell als möglich hinter sich bringen, damit alsbald mit dem Programmieren und Produzieren von Sourcecode angefangen

---

[50] vgl. Rupp 2007a, S.325ff
[51] vgl. Ebert 2005, S. 203f
[52] vgl. Wiegers 2003, S.273ff

werden kann. Die Aufgabe eines Testers ist es, Fehler zu finden und diese sollten vorzugsweise so früh wie möglich gefunden werden. Jeder Fehler oder Mangel, der so früh wie möglich gefunden wird, spart dem Unternehmen im Nachhinein Geld. Dieser Aspekt des erfolgreichen Projektmanagements ist aber leider den wenigsten Personen klar bzw. ignoriert sie diese Tatsache.

4.5 Checklisten für die Testbarkeit

Die Thematik aus Punkt 4.4 wurde zum Anlass genommen eine kurze Checkliste darzulegen, um jederzeit die Testbarkeit der gelieferten Requirements zu überprüfen:

- *„Hat jede Anforderung ein Gütekriterium, um zu prüfen, ob sie in der Realisierung abgedeckt ist?*
- *Sind die [nicht-funktionalen] Anforderungen präzise und quantitativ beschrieben?*
- *Werden Begründungen für den Nutzen von Anforderungen im Kontext beschrieben? Ist der Kontext ausreichend?*
- *Sind Referenzen zu definierten Wörtern konsistent mit ihrer jeweiligen Definition und dem Eintrag im Dictionary?*
- *Wurden die verschiedenen Zielgruppen befragt – auch nach nichtdokumentierten Wünschen an das System?*
- *Ist jede beschriebe Anforderung relevant?*
- *Sind die geforderten Einschränkungen wirklich nötig? Behindern sie die Entwicklung oder die spätere Erweiterbarkeit?*
- *Wird klar zwischen Anforderungen und Lösungen unterschieden (Lastenheft versus Pflichtenheft)?*
- *Ist jede Anforderung eindeutig identifizierbar, so dass Testfälle eindeutig zuordenbar sind?*
- *Ist jede Anforderung an bestimmte Dokumente gebunden? Können Änderungen in beide Richtungen verfolgt werden?*
- *Sind Ausnahmeszenarien hinreichend genau beschrieben? Sind sie ausgewogen, um zu verhindern, dass zu viel in die falschen Details investiert wird?*

- *Wurde detailliert, was für den Kunden besonders wichtig ist?*
- *Stehen operative Betriebsprofile und entsprechende Szenarien zur Verfügung? Spiegeln sie die spätere operative Auslastung angemessen wider?*[53]

5 Schlussfolgerung

In dieser Arbeit wurden die Wichtigkeit und einige Methoden des Requirements Engineerings beschrieben. Es wurde dabei bevorzugt auf die Risiken, die mit mangelhaftem Requirements Engineering verbunden sind, eingegangen. Auf die Komplexität der Thematik wurde ebenso eingegangen, wie auch auf den Punkt des konsequenten Prüfens und Weiterentwickelns von Anforderungen.

Besonders die Wichtigkeit der Abstimmung mit der Testabteilung wurde im letzten Kapitel erläutert, da die Testfall Spezifikation (definieren und dokumentieren von Tests) gewissermaßen eine der Use-Case Erstellung artverwandte Tätigkeit ist. Die Trennung der Organisation in strikte Strukturen ist nur bedingt zulässig, da eine Produktentwicklung nicht linear abläuft und sich im Laufe der Zeit viele Faktoren ändern können.

Requirements Engineering ist eine abteilungsübergreifende Disziplin, in der jeder Mitarbeiter der Organisation gefordert ist sich konstruktiv einzubringen. Es ist in modernen Organisationen nur möglich gute Produkte zu entwickeln, wenn die Anforderungen, die spezifiziert werden, ein Mindestmass an Qualität erfüllen.

---

[53] Ebert 2005, S. 205f

Literaturverzeichnis

Bücher:

Broy, Manfred; Rumpe, Bernhard (1997): Requirements Targeting Software and Systems Engineering. Berlin/Heidelberg/New York: Springer.

Buhr, Ray J. A.; Casselman, Ron S. (1996): Use Case Maps for Object-Oriented Systems. Upper Saddle River: Prentice-Hall.

DeMarco, Tom (1979): Structured analysis and system specification. Englewood Cliffs. Prentice-Hall.

DeMarco, Tom; Lister, Timothy (2003): Bärentango. Mit Risikomanagement Projekte zum Erfolg führen. München/Wien: Hanser.

Ebert, Christog (2005): Systematisches Requirements Management. Anforderungen ermitteln, spezifizieren, analysieren und verfolgen.1. Auflage. Heidelberg: dpunkt.verlag.

Oestereich, Bernd (2002): Die UML-Kurzreferenz für die Praxis. kurz, bündig, balastfrei. München/Wien: Oldenbourg.

Rupp, Chris (2007): Requirementsengineering und Management. Professionelle, iterative Anforderungsanalyse für die Praxis. 4. Auflage. München/Wien: Hanser.

Rupp, Chris [u.a.] (2005): UML 2 glasklar. Praxiswissen für die UML-Modellierung und –Zertifizierung. 2. Auflage. München/Wien: Hanser.

Timm, Michael (Hrsg.) (1991): Requirements Engineering'91. „Structured Analysis" und verwandte Ansätze Marburg, April 1991. Berlin/Heidelberg/New York: Springer.

Wiegers, Karl Eugene (2003): Software Requirements. 2. Auflage. Redmond: Microsoft Press.

Internetquellen:

o.V.: Siemens AG; Online im Internet: URL:
http://www.pse.siemens.at/apps/sis/ge/pseinternet.nsf/CD_Index?OpenFrameset&
Bookmark&/0/PK99335520A8F19A3BC125723B004B50FB [Stand 2007-04-21]

Sonstige Quellen:

IEEE Std 1028-1997 (R2002). IEEE Standard for Software Reviews. New York: Institute of Electrical and Electronics Engineers, Inc.